Nürnberger Erinnerungen 8

Dieter Bracke

Nürnberger Erinnerungen 8

Sport in Nürnberg

VAH

HOFMANN VERLAG NÜRNBERG

Hofmann Verlag Nürnberg

Gesamtherstellung:
Hofmann Druck Nürnberg

Schutzumschlag: Volker Hahn, Nürnberg
ISBN 3-87191-213-1

Auslieferung an den Buchhandel: Edelmann, Nürnberg

Inhaltsverzeichnis

Sport gesund – Stadt gesund! Das war die Aussage auf einer Grußpostkarte des Jahres 1928, mit der die Stadt ihr – in wirtschaftlich schwieriger Zeit – neu errichtetes Stadion vorstellte.
Mit Recht rühmte sich Nürnberg damals, eine Sporthochburg zu sein. Immerhin wurde hier das erste Sportamt in einer deutschen Stadt eingerichtet und viele Sportlerinnen und Sportler waren Teilnehmer an Olympischen Spielen, internationalen und Deutschen Meisterschaften. Medaillen und Meistertitel waren für Nürnbergs Sportlerinnen und Sportler – über Jahre hinweg – keine Seltenheit. Das neue Sportzentrum am Dutzendteich wurde bei den IX. Olympischen Spielen 1928 in Amsterdam mit einer Goldmedaille ausgezeichnet.
In den zwanziger Jahren wurde in Nürnberg und Fürth ein bedeutsames Stück deutscher Fußballgeschichte geschrieben. Aber auch der Turn-, Rad-, Wasser-, Ring-, Kraft- und Reitsport kamen zu großen Ehren.
Heute ist Nürnberg mit seinen fast 300 Sportvereinen – mit annähernd 130 000 Mitgliedern – eine Stadt des Breitensports. Fast alle Sportarten werden von unseren – meist ehrenamtlich geleiteten – Sportvereinen angeboten. Viele Sportanlagen – überwiegend im Vereinsbesitz – stehen den Sportlerinnen und Sportlern zur Verfügung.
Das Norisringrennen ist in der Nachkriegszeit zum bedeutendsten sportlichen Ereignis geworden. Nach einigen Turbulenzen bleibt zu hoffen, daß der Fußballsport – ähnlich wie der Eishockeysport – bald wieder erstklassig wird. Für den Bau eines neuen Eisstadions sind gute Voraussetzungen geschaffen worden. Ebenso wie für die Errichtung eines Hauses des Sports.
Die Stadt Nürnberg wird – wie in früherer Zeit – auch in Zukunft alles tun, um ihre Sportvereine weiterhin zu unterstützen. Sport ist heute auch – für jung und alt – aus unserem Leben nicht mehr wegzudenken. Sport hat in Nürnberg eine gute Zukunft.
Herzlichen Dank dem Verleger Günter Hofmann für diesen – dem Sport gewidmeten – Band der „Nürnberger Erinnerungen“. Dank und Anerkennung allen, die an dieser Dokumentation mitgewirkt haben.

Willy Prölß
Bürgermeister der Stadt Nürnberg

Kurt Schmidtpeter

Wenn er all seine Ehrennadeln anlegen würde, könnte er sogar einen der hochdekorierten Generäle der einstigen Sowjetunion glatt ausstechen. Kurt Schmidtpeter trägt sie gelegentlich – aber einzeln versteht sich – weil er sie schätzt. Ehrennadeln von Sportvereinen für ein Nichtmitglied sind eine Seltenheit – der Ausdruck von besonderer Wertschätzung. Sportfotograf Schmidtpeter, der die 80 bereits weit überschritten und seine beinahe museumsreifen Leicas noch längst nicht aus der Hand gelegt hat, ist weit über die Grenzen Nürnbergs hinaus eine Institution.

Er genießt eine Popularität, um die er von manchem Politiker und vor allem von vielen Sportlern, die er mit seiner Kamera verfolgt, beneidet wird. Keiner kennt das heimische Sportgeschehen besser als er. Der gebürtige Stuttgarter, der seit 1934 in Nürnberg lebt, nennt sich selbst einen Mann der „Ersten Stunde“. Gemünzt ist dies auf die Wiedergeburt des Sportes nach dem Zweiten Weltkrieg. Im Jahre 1946 machte sich Kurt Schmidtpeter selbständig und war fortan an allen Brennpunkten vertreten. „Einige Jahre fuhr ich mit einem Motorrad überall hin“, erinnert er sich.

Der erste Höhepunkt seiner unglaublichen Laufbahn war unbestritten die Fußball-Weltmeisterschaft 1954 in der Schweiz, die den Deutschen sensationell den WM-Titel bescherte. Hier begann auch seine Freundschaft mit dem unvergessenen Bundestrainer Sepp Herberger, der für Schmidtpeters Wünsche stets ein offenes Ohr hatte. Auch bei Sportgrößen wie Franz Beckenbauer, Fritz Walter, Max Morlock oder Karl-Friedrich Haas – um nur einige zu nennen – stieß der Mann mit der Leica, der seit seiner frühesten Jugend taub ist, nie auf taube Ohren.

Ehefrau Kunigunde, seit einigen Jahrzehnten seine ideale Helferin, findet dafür die richtige Erklärung: „Alle großen Sportler haben stets anerkannt, daß Kurt immer ehrlich, anständig und auch zuverlässig ist.“ Eine weitere Stärke gesellt sich hinzu: K. S., so sein Kürzel, ist ein ausgesprochen humorvoller Typ. „Mit unserem Freund Kurt hatten wir immer viel Spaß“, erzählte der leider zu früh verstorbene Fußball-Weltmeister und langjährige Club-Kapitän Max Morlock.

Und alle „Opfer“ Schmidtpeters kennen seine Marotte, die längst zu einem Markenzeichen geworden ist: Bevor er bei Porträts oder Mannschaftsbildern auf den Auslöser drückt, will er mit dem kurzen Wort „Probe“ für Lockerheit sorgen. Daß er nach Beendigung ein Kreuz schlägt, würden ihm selbst kirchliche Würdenträger nicht verübeln. Die enorme Popularität des rüstigen Fotografen ist leicht erklärlich: Er macht bei seiner Tätigkeit keinerlei Unterschied zwischen dem absoluten Topstar und dem unbedeutenden Hobbysportler. „Ich respektiere jeden Sportler“, sagt er, „egal, ob er in einer Nationalmannschaft spielt oder aber für einen kleinen Verein tätig ist.“
Kurt Schmidtpeter, ein Mann, der dem heimischen Sportgeschehen viel gegeben hat. Ein Mensch, der die Sympathie, die ihm überall entgegenschlägt, redlich verdient.

Edi Schaffer – ein Torhüter der Extraklasse

Es war gewissermaßen Liebe auf den zweiten Blick zwischen einem Torhüter aus Dux in Böhmen und dem 1. FC Nürnberg: Edi Schaffer war 1945 von „Uttla" Übelein – mit ihm war er seit der Militärzeit befreundet – zu einem Wechsel zum Club überredet worden. Aber nach kurzer Zeit wechselte er zum VfL Neustadt bei Coburg, weil er in der Noris keine Arbeit gefunden hatte. Der zweite Versuch ein halbes Jahr später verlief erfolgreich: Schaffer wurde 1947 Nachfolger des im Alter von 26 Jahren verstorbenen Klassetorhüters Georg Lindner. Bereits zwölf Monate später stand er beim ersten Endspiel nach dem Krieg zwischen den Pfosten beim Club und hatte maßgeblichen Anteil am 2:1-Sieg über den hohen Favoriten 1. FC Kaiserslautern. Robert „Zapf" Gebhardt, Kapitän der 48er Meistermannschaft, war des Lobes voll über den Keeper: „Edi war ehrgeizig und zuverlässig. Er trug entscheidend zum Gewinn des siebten Meistertitels bei, denn er hielt schon zu Beginn des Spiels einige fast unhaltbare Schüsse und raubte den berühmten Innenstürmern der Lauterer die Nerven."

Schaffer erinnert sich gerne an dieses Finale vor 70 000 Zuschauern in Köln zurück. Und er weiß auch heute noch, wie der Triumph vom Verein honoriert worden ist: „Wir haben pro Mann eine Prämie von 1000 Mark bekommen." Im Vergleich mit den heutigen Summen war dies natürlich ein Klacks. Aber Edi Schaffer war dennoch zufrieden, wie er betont: „Ein Tausender war kurz nach der Währungsreform viel Geld." Den Kickern der Gegenwart, die geradezu fürstlich entlohnt werden, ist er auch keinesfalls neidisch. Er will die frühere Zeit, bei der die Kameradschaft im Vordergrund gestanden habe, nicht missen.

Gerne denkt der Torhüter an die zahlreichen Freundschaftsspiele auf dem Lande zurück, bei denen die Gage aus Lebensmitteln oder diversen Gebrauchsgegenständen bestand. Schmunzelnd erzählt er von einer Pleite: „Wir traten irgendwo in der Bodenseegegend für einige Zentner Äpfel an. Nach der Heimkehr stellten wir entsetzt fest, daß die meisten verfault waren."

Club-Torhüter Edi Schaffer fängt im Endspiel von 1948 gegen den 1. FC Kaiserslautern, unterstützt von Gerhard Bergner (links) und Max Morlock, eine Flanke sicher ab.

Genau 413 Spiele bestritt Edi Schaffer für den 1. FCN und brachte es auch 1951 auf zwei Einsätze in der deutschen B-Nationalmannschaft. Warum hat es nicht mit der A-Elf geklappt? Immerhin hatte er schon während der Kriegszeit an Lehrgängen unter dem späteren Bundestrainer Sepp Herberger teilgenommen. Seine entwaffnend ehrliche Antwort: „Zur damaligen Zeit gab es eine große Auswahl. Dies hat auch mein Club-Kamerad Adi Knoll, der einer der besten deutschen Verteidiger war, zu spüren bekommen."

Schaffer, ein Sportsmann vom Scheitel bis zu Sohle, räumte 1955 seinen Platz im Club-Tor für Roland Wabra und setzte sich noch ein Jahr als dessen Vertreter auf die Bank. Er spart nicht mit Lob für seinen leider 1994 verstorbenen Nachfolger: „Rolly war ein Klassemann und ein weitaus besserer Feldspieler als ich."

Dem 1. FCN ist Edi bis zum heutigen Tag eng verbunden. So sitzt er fast regelmäßig bei den Heimspielen im Frankenstadion auf der Tribüne und drückt der Mannschaft kräftig die Daumen. Mit seinem Stoßseufzer „ich hoffe und wünsche, daß im Verein wieder Ruhe einkehrt und er in den Kreis der Elite zurückfindet", spricht er allen treuen Anhängern des Nürnberger Traditionsvereins aus dem Herzen.

Karl Kittsteiner – Meister auf Straße und Bahn

Karl Kittsteiner hält es mit dem bekannten Spruch, daß die Katze das Mausen nicht lasse: Trotz seiner 75 Jahre schwingt sich der ehemalige Radmeister jede Woche mindestens einmal auf seinen Drahtesel und bewältigt auf ihm an die 100 Kilometer. Eine Strecke, die für einen ungeübten Otto Normalverbraucher zur „Tour der Leiden“ würde. Für den stets gutgelaunten Kittsteiner ist dies freilich keine Qual, sondern eine Selbstverständlichkeit. „Ich brauche das wie Essen und Trinken“, sagt er. Die Verbundenheit zum Radsport demonstriert er auch durch regelmäßige Besuche der Steherrennen auf der Bahn am Reichelsdorfer Keller, auf der er früher selbst Triumphe gefeiert hatte.

Entdeckt worden ist der „Eiserne Karl“ beim RC Herpersdorf – wie später auch andere Meister – vom unvergessenen Andreas Egerer. Im Alter von 14 Jahren stieg er erstmals in den Sattel – und als 17jähriger fuhr er schon bei den Amateuren mit. Und zumeist auch vorneweg. Der Berufung in die Nationalmannschaft zu einem Länderkampf gegen Schweden, Finnland, Dänemark und Italien folgte 1940 die Krönung: Kittsteiner holte sich in Magdeburg den Titel des Deutschen Meisters der Amateure auf der Straße. Auf der mörderischen Distanz von 280 Kilometern setzte er sich souverän durch und avancierte zum ernsthaften Rivalen seiner ebenfalls aus Nürnberg stammenden Vorbilder Fritz Scheller und Georg Umbenhauer.

Der Zweite Weltkrieg hatte für Kittsteiner böse Folgen: 1943 zerriß ihm ein großer Granatsplitter den rechten Handteller. Nur noch zwei Finger sind seitdem funktionstüchtig. Doch seine Laufbahn beendete er keineswegs, obwohl das Handikap enorm war, wie er betont: „Es fehlte in der rechten Hand natürlich etwas die Kraft. Deshalb mußte ich alles mit unglaublichem Willen ausgleichen.“ Kittsteiner schaffte es. Und wie! Zwei Jahre nach dem Kriegsende wurde er Deutscher Straßenmeister der Profis.

Und nach seinem Wechsel ins Lager der Steher holte er auch hier 1954 den Titel. Der Alt-Meister erinnert an ein Wunder: „Alle sieben Jahre stand ich bei deutschen Meisterschaften bei der Siegerehrung auf dem obersten Treppchen."
Als Steher war er international gefragt und bestritt manchmal drei bis vier Rennen pro Woche. Und dies in vollen Stadien. Kittsteiners Fazit seiner Laufbahn, die er 1957 im Alter von 37 Jahren beendete: „Ich habe zwar keine Reichtümer erworben, aber es reicht, weil ich meine Sachen zusammengehalten habe."

Es war einmal: Die Sporthochburg Nürnberg

Eine vierfarbige Ansichtskarte wurde 1928 in der Nürnberger Innenstadt für 15 Pfennig verkauft und fand reißenden Absatz (s. Seite 122). Sie zeigte im Hintergrund die Burg und davor einige Sportstätten wie das neuerrichtete Stadion. Der Text „Gruß aus der deutschen Sporthochburg Nürnberg" war vollauf gerechtfertigt, denn die heimischen Sportler – und beileibe nicht nur die Meisterspieler des ruhmreichen 1. FCN – schnitten national wie auch international hervorragend ab. Daran änderte sich auch nach Beendigung des Zweiten Weltkriegs nichts: Der Sport hielt beim Wiederaufbau der erheblich zerstörten alten Reichsstadt mit und fand gar bald zu alter Stärke zurück. 1948 wurde der Club der erste deutsche Fußball-Meister der Nachkriegszeit – und auch in anderen Disziplinen sorgten Nürnberger Sportler für Furore.

Unvergeßlich der 400-Meter-Läufer Karl-Friedrich Haas, der bei den Olympischen Spielen 1956 in Melbourne die Silbermedaille gewann. Und wer erinnert sich nicht an den Weltmeister im Rollkunstlaufen, Dr. Freimut Stein, die Turnerin Irma Walther, die Sprinterin Brunhilde Ramsauer-Hendrix, den Boxer Günter Meier … und … und …

Der Sport in Nürnberg lebt in der Gegenwart von stolzen Erfolgen der Vergangenheit und kann von einer erfolgreichen Zukunft leider nur träumen. Darüber können auch gelegentliche Ansätze nicht hinwegtäuschen. Immerhin haben die Spitzen der Stadt inzwischen ihre Lektion gelernt und verzichten bei den verschiedensten Anlässen auf die Formulierung „Sporthochburg". Der Weg zum Ruhm früherer Jahre ist mit vielen Hindernissen gepflastert. Dies bekommt auch der 1. FCN deutlich zu spüren, denn die angestrebte Rückkehr in die Bundesliga läßt sich nicht von heute auf morgen realisieren.

Ein echter Glücksgriff war natürlich der Bau des Frankenstadions, eine der schönsten Arenen Deutschlands. Daß Nürnberg als Ausrichter von Länderspielen beim Deutschen Fußball-Bund in

hohem Ansehen steht, hat noch einen weiteren Grund: Die heimischen Sportanhänger sind – ein bißchen verwundert's – wesentlich begeisterungsfähiger als andernorts.
Unterstrichen wird diese These auch beim Radkriterium „Rund um die Altstadt“, wenn nahezu 100 000 Zuschauer die Straßen säumen.
Verständlicher Stoßseufzer eines bekannten Nürnberger Sportfunktionärs: „Das Interesse der Leute ist vorhanden. Uns fehlen nur noch in den verschiedenen Sportarten Topleute.“
Erinnert sei nochmals an die alte Ansichtskarte aus dem Jahre 1928, die einen interessanten Hinweis enthält: „Sport gesund – Stadt gesund!“ Darin steckt – niemand kann's anzweifeln – ein Körnchen Wahrheit.

Der Titel dieses Buches trifft den Kern der Dinge: es soll erinnern an die großen Sportler Nürnbergs in den letzten Jahrzehnten – und auch an manche bedeutende Veranstaltung. Den Anspruch, lückenlos zu sein, kann es nicht erheben. Aus vielerlei Gründen. So war es beim besten Willen nicht möglich, alle deutschen Meister des tüchtigen RC Herpersdorf abzubilden. Und der eine oder andere Spitzensportler aus der Anfangszeit des Sportgeschehens in der Noris fehlt, weil von ihm kein Bildmaterial vorhanden ist. Ein herzliches Dankeschön sei all jenen Vereinen und Privatpersonen gesagt, die Fotos aus ihren Archiven bzw. Sammlungen bereitwilligst zur Verfügung gestellt haben.

Dieter Bracke

In der Gastwirtschaft „Zur Burenhütte" gründeten am 4. Mai 1900 einige junge Leute den 1. Fußball-Club Nürnberg. Ihre Begeisterung für die Jagd nach der Lederkugel war schier grenzenlos, wie sich ein Jahr nach der Gründung beim ersten offiziellen Spiel deutlich zeigte: Ein Teil der Kicker brachte nicht das nötige Kleingeld für die Bahnfahrt auf und radelte deshalb nach Bamberg. Nach ihrem 2:0-Sieg über den FC Bamberg stellten sich die Nürnberger (gestreifte Trikots) mit ihren Gegnern stolz dem Fotografen. Hintere Reihe von links: Krause, Neundorf. Mittlere Reihe: Schmidt, Felsenstein, Haas, Hofmann, Ott. Vordere Reihe: W. Heinz, Dürbeck, Torwart Eckardt und Christoph Heinz, Vorsitzender und Kapitän in Personalunion.

Nürnberg-Fürth im Schlußspiel um die Deutsche Meisterschaft.

Zwei Jahrzehnte nach der Gründung gelang dem 1. FC Nürnberg der große Wurf: Er holte sich den ersten seiner insgesamt neun deutschen Meistertitel. In dem mit mehr als 30 000 Zuschauern hoffnungslos überfüllten Stadion von Germania Frankfurt besiegte der Club am 13. Juni 1920 durch Tore des Ungarn Szabo und von Luitpold Popp den Nachbarn SpVgg Fürth mit 2:0. Oben die stolze FCN-Meister-Mannschaft. Stehend von links: Szabo, Träg, Popp, Dr. Steinlein, Kalb, Riegel, Kugler, Bark; kniend: Bös, Stuhlfauth, Strobel. Unten die Elf aus der Kleeblatt-Stadt. Stehend von links: Schuster, Herbst, Fiederer, Leupold, Wellhöfer, Kiessling; Mitte: Hierländer, Hagen, Sutor, Seiderer, Franz, Ammerbacher, Löblein; vorne: Henneberger, Gebhardt.

Die Club-Mannschaft war kaum zu bremsen: Sie blieb in 90 Punktspielen ungeschlagen und feierte ein Jahr nach ihrem ersten Titelgewinn prompt auch den zweiten. Mit einem Husarenstreich: Durch Tore der beiden Halbstürmer Luitpold Popp (3) und Heiner Träg (2) spielten sie am 12. Juni 1921 in Düsseldorf ihren Gegner Vorwärts Berlin in Grund und Boden. Nach der Heimkehr präsentierten sich die Meisterspieler mit lorbeerumkränzten Hüten, Siegerkränzen und -schleifen in der Luitpoldstraße ihren Anhängern.

Das Finale um die Deutsche Meisterschaft 1924 besaß besondere Brisanz. Am 9. Juni trafen in Berlin der 1. FC Nürnberg und der Hamburger SV aufeinander, die sich 1922 gleich zwei „heiße Endspiele" geliefert hatten, ohne daß ein Sieger ermittelt werden konnte. Den ihm am „Grünen Tisch" zuerkannten Titel lehnte der HSV sportlich fair ab. Bei der Neuauflage in der Hauptstadt sorgten „Schorsch" Hochgesang und Wolfgang Strobel mit ihren Treffern für einen hochverdienten 2:0-Sieg. Der legendäre Club-Mittelläufer Dr. Hans Kalb, der später eine Zahnarztpraxis eröffnete, zog dabei dem gefährlichen Hamburger Mittelstürmer Tull Harder die Zähne: Er verurteilte ihn zur Bedeutungslosigkeit. Die Elf, die den dritten Meistertitel in die Noris holte, stehend von links: Popp, Hochgesang, Schmidt, Stuhlfauth, Riegel, Kalb, Bark, Danninger; vorne: Sutor, Träg, Wieder, Kugler und Strobel.

Bei seinem vierten Titelgewinn mußte der 1. FCN in der Höhle des Löwen antreten: In Frankfurt war der heimische Fußballsport-Verein der Gegner, der ihm viel abverlangte. Das einzige Tor des Endspiels erzielte erst in der Verlängerung Ludwig Wieder. In dieser Szene kam „Schorsch" Hochgesang gegen den aufmerksamen FSV-Torhüter einen Schritt zu spät. Der Club-Meisterelf gehörten Stuhlfauth, Kalb, Riegel, Popp, Kugler, Schmidt, Sutor, Hochgesang, Träg, Strobel und Wieder an.

Beim Endspiel im Jahre 1927 nützte Hertha BSC der Heimvorteil rein gar nichts: Mehr als 50 000 Zuschauer waren mächtig enttäuscht, weil der 1. FC Nürnberg das Geschehen souverän beherrschte und durch Tore von Dr. Hans Kalb und Heiner Träg mit 2:0 gewann. Torhüter Heiner Stuhlfauth, der hier – assistiert von Schmidt (links) und Köpplinger – den Schuß eines Hertha-Stürmers meisterte, stellte einen unwahrscheinlichen Rekord auf: In sämtlichen fünf Endspielen, an denen er zwischen den Pfosten stand, mußte er nicht einen einzigen Gegentreffer kassieren.

Nach neunjähriger Abstinenz erreichte der Club 1936 endlich wieder ein Meisterschaftsendspiel. Am 21. Juni in Berlin leistete Fortuna Düsseldorf erbitterten Widerstand und gab sich der verjüngten und neuformierten FCN-Truppe erst in der Verlängerung geschlagen. Torschützen waren „Muckl" Eiberger und Karl Gußner. Mit Riesenbegeisterung wurde der sechste Titelgewinn in der Heimat gefeiert. Bürgermeister Liebel (rechts) beglückwünschte die Meisterelf und die Vereinsführung mit Präsident Ludwig Franz und „Vize" Karl Müller bei einem Empfang im Rathaus.

Ein Meilenstein in der Geschichte des deutschen Fußballs war das erste Endspiel nach dem Zweiten Weltkrieg: Vor einer Rekordkulisse von 75 000 Zuschauern in Köln war der 1. FC Nürnberg gegen den 1. FC Kaiserslautern nur Außenseiter. Doch die Experten irrten sich gründlich: Die Spieler um Kapitän Robert „Zapf" Gebhardt zwangen die von Fritz Walter geführten „Roten Teufel" aus der Pfalz in die Knie und holten mit 2:1 den siebten Titel für den fränkischen Traditionsverein. Sämtliche drei Tore wurden dabei durch die Nürnberger erzielt: Nachdem Conny Winterstein und Hans Pöschl für die 2:0-Führung gesorgt hatten, traf „Abel" Übelein ins eigene Gehäuse. Die FCN-Meisterelf, stehend von links: Betreuer Willi Billmann, Helmut Herbolsheimer, Hans Pöschl, Max Morlock, Edi Schaffer, Adi Knoll, Conny Winterstein, „Abel" Übelein, Georg Hagen und Trainer Seppl Schmidt; unten: Gerhard Bergner, „Schorsch" Kennemann und „Zapf" Gebhardt.

Herbert Widmayer war der Trainer, der 1961 um das damals bereits 36 Jahre alte Idol Max Morlock eine neue Club-Mannschaft aufbaute. Mit Riesenerfolg, denn als krasser Außenseiter besiegte sie am 24. Juni 1961 vor 83 000 Zuschauern im Niedersachsenstadion von Hannover Borussia Dortmund klar mit 3:0. Kurt Haseneder, mit 18 Jahren der Benjamin, erzielte mit diesem spektakulären Flugkopfball gegen Borussen-Keeper Heini Kwiatkowski das ungemein wichtige 1:0. Für die beiden anderen Treffer sorgten Heiner Müller und Heinz Strehl.

Sie holten 1961 den achten Meistertitel für den 1. FC Nürnberg. Von links: Kurt Haseneder, Steff Reisch, Gustl Flachenecker, Heiner Müller, Joe Zenger, Helmut Hilpert, Paul Derbfuß, Heinz Strehl, Nandl Wenauer, Roland Wabra und Kapitän Max Morlock.

Die Meisterspieler von Nürnberg wurden in der Heimat gebührend gefeiert: Mehr als 30 000 jubelten Trainer Herbert Widmayer und seinen erfolgreichen Schützlingen auf dem Hauptmarkt zu. Ein Jahr später gelang auch im deutschen Pokal der große Wurf: Durch einen 2:1-Erfolg nach Verlängerung gegen Fortuna Düsseldorf – das entscheidende Tor erzielte Tasso Wild – wurde der „Pott" in die Noris geholt. Weniger gut gelang dem Club der Einstieg in die 1963 neugegründete Bundesliga: Nach vier Spielen ohne Punktgewinn mußte Erfolgstrainer Widmayer im Oktober seinen Hut nehmen. Die Nürnberger hatten mit dieser Maßnahme den Reigen der Trainer-Entlassungen in der Eliteklasse eröffnet.

Einstieg des 1. FCN ins internationale Geschehen: Vorstellung der Mannschaft beim Auswärtsspiel gegen Fenerbahce Istanbul am 18. Oktober 1961. Der Club gewann mit 2 : 1 und zog nach dem 1 : 0 im Rückspiel ins Viertelfinale des Europacups der Landesmeister ein. Zuvor hatte er bereits Drumcondra Dublin mit 5 : 0 und 4 : 1 ausgeschaltet.

Ein internationales Spiel des 1. FC Nürnberg wird den Fußballfans in unauslöschlicher Erinnerung bleiben: Im Europa-Pokal-Hinspiel besiegte er im ausverkauften Stadion am Dutzendteich Benfica Lissabon mit 3:1. Max Morlock, der hier den legendären Mittelläufer Germano ausspielt, schwärmte hinterher: „Benfica war eine Weltklasse-Mannschaft – und wir haben sie geschlagen." Die Portugiesen, die mit dem Schneeboden nicht klar kamen, revanchierten sich beim Rückspiel eindrucksvoll: Der Club, der auf seinen großartigen Stammtorhüter Roland Wabra verzichten mußte, erlebte die „Schwarze Nacht von Lissabon" und ging mit 0:6 unter.

Beim letzten Spiel der Bundesliga-Saison 1967/68 war der 2:1-Heimsieg über Borussia Dortmund sekundär: 60 000 begeisterte Zuschauer feierten die Mannschaft des 1. FCN, die schon eine Woche zuvor mit einem 2:0-Auswärtssieg beim alten Rivalen FC Bayern München die neunte und auch letzte Deutsche Meisterschaft perfekt gemacht hatte. Der Augenblick der fränkischen Glückseligkeit im Nürnberger Stadion: DFB-Präsident Hermann Gösmann überreicht Kapitän Heinz Strehl die begehrte Meisterschale. Groß ist die Freude auch beim damaligen Oberbürgermeister Dr. Andreas Urschlechter.

Zwei unter einem Siegerkranz: Außenstürmer Zvezdan Cebinac und Verteidiger Horst Leupold, die in der erfolgreichen Saison viele Club-Tore mit ihren Flankenläufen glänzend vorbereitet haben.

Die Meistermannschaft des 1. FC Nürnberg im Jahre 1968. Stehend von links: Trainer Max Merkel, Ludwig Müller, Franz Brungs, Zvezdan Cebinac, Hubert Schöll (†), Nandl Wenauer (†), Helmut Hilpert, Gustl Starek, Trainerassistent Robert Körner (†); kniend: Heinz Strehl (†), Georg Volkert, Horst Leupold, Gyula Toth, Roland Wabra (†), Heinz Müller, Fritz Popp, Heinz Ferschl.

Der 7. Juni 1969 geht als einer der schwärzesten Tage in die Geschichte des stolzen 1. FCN ein: Ein Jahr nach dem Gewinn des neunten Titels stieg er nach einer 0 :3-Niederlage beim 1. FC Köln aus der Bundesliga ab. Weinend verließen die beiden Abwehrstrategen Ludwig Müller (links) und Horst Leupold, geführt von Pressechef Horst Röder, das Müngersdorfer Stadion in Köln. Der Meister als Absteiger – ein einsamer Rekord im deutschen Fußball.

Zwei der bekanntesten Club-Fußballer aus der erfolgreichen Zeit in einer anderen „Kluft": Carl Riegel (links) und Hans Kalb, die sieben bzw. 15 Länderspiele bestritten hatten, waren nach Beendigung ihrer Laufbahn auch als Tennisspieler bei ihrem Verein absolut Spitze.

Die Mütze und der graue, verwaschene Pullover waren sein Markenzeichen: Heiner Stuhlfauth, der legendäre Torhüter des 1. FCN. Ein Weltklassemann zwischen den Pfosten, der 606 Spiele für seinen Verein bestritt und 21mal in der deutschen Nationalmannschaft eingesetzt wurde. Heiner, der am 12. September 1966 im Alter von 70 Jahren verstorben ist, war kein Mann der großen Flugparaden. Er galt als mitspielender Torhüter, der seinen Strafraum meisterhaft beherrschte und mit seiner damals ungewöhnlichen Methode die gegnerischen Stürmer zur Verzweiflung trieb. Der stärkste Auftritt seiner Laufbahn brachte ihm den Ruf „Held von Turin" ein: Am 28. April 1929 gewann die deutsche Nationalmannschaft in der norditalienischen Stadt vor der tollen Kulisse von 80 000 Zuschauern nur aufgrund der großartigen Torhüterkünste von Heiner Stuhlfauth mit 2:1. Sein Name wird unvergeßlich bleiben: Die Stadt Nürnberg benannte eine Straße nach ihm.

Wer ist der berühmteste Club-Spieler aller Zeiten? Die Antwort fällt leicht, denn es kann nur einen geben: Max Morlock, das leider im September 1994 verstorbene Nürnberger Fußballidol. Zwischen 1950 und 1958 stand er 26mal in der deutschen Nationalmannschaft und erzielte dabei nicht weniger als 21 Tore. Eine hervorragende Bilanz! Der Höhepunkt der stolzen Laufbahn des kleinen und doch so großen Halbstürmers – seine Freunde und Fans riefen ihn nur „Maxl" – war der Gewinn des Weltmeistertitels mit der DFB-Elf 1954 in der Schweiz mit dem sensationellen 3:2 über den Favoriten Ungarn. Morlock, der eiserne Kämpfer und Kopfballspezialist, wie dieses prämierte Foto von Kurt Schmidtpeter beweist. Es wurde im Jahre 1946 im Fürther Ronhof aufgenommen, in dem der Club damals seine Heimspiele austrug. Morlock setzt sich im „Luftkampf" gegen zwei Ulmer Abwehrspieler durch.

Ein Bild ging um die Welt: Max Morlock schiebt den Ball mit der Fußspitze an dem herausstürzenden ungarischen Torhüter Gyula Grosics vorbei ins Tor. Der Nürnberger legte mit dem Anschlußtreffer zum 2:1 den Grundstein für den 3:2-Erfolg des Außenseiters über die favorisierten Magyaren. Deutschland wurde zum ersten Mal Fußball-Weltmeister. Fritz Walter, Kopf und Kapitän der Mannschaft, war des Lobes voll über Morlock: „Maxl war einer der wichtigsten Spieler. Ungemein laufstark und dazu auch noch torgefährlich."

Max Morlock stellte beim 1. FCN einen Rekord auf, der kaum zu brechen sein dürfte: 900mal trug er das Trikot der ersten Mannschaft. Sogar mit 39 Jahren war der stets bescheidene und überall beliebte Halbstürmer für seinen Club noch in der Bundesliga im Einsatz. Vor seinem 900. Spiel am 12. Mai 1964 ehrte ihn der langjährige Präsident Walter Luther, der 1995 verstorben ist. Aufmerksame Zuschauer waren die Mannschaftskameraden Heiner Müller (Mitte) und Steff Reisch. Eine der erfreulichsten Ehrungen hatte Morlock 1961 erfahren: Die deutschen Sportjournalisten wählten ihn zum „Fußballer des Jahres“.

Er begann als Rechtsaußen, agierte auch als Mittelstürmer und wurde später zum Halbstürmer umfunktioniert: Heinz Strehl, ein vielseitiger Spieler beim Club, technisch elegant und kraftvoll zugleich. Und er war auch noch ein gefährlicher Schütze, wie Zahlen beweisen: In 174 Bundesliga-Einsätzen erzielte er nicht weniger als 76 Tore. Ein Rekord, der so schnell nicht auszulöschen ist. Einen seiner Treffer erzielte Strehl beim 2:0-Auswärtssieg gegen 1860 München mit vorbildlicher Schußhaltung gegen den Klasse-Keeper Petar Radenkovic. Viermal stand er auch in der deutschen Nationalmannschaft. Nach Meinung vieler Experten hätten es mehr Berufungen sein müssen, zumal Strehl auch vier Tore schoß.

Dieses Bild ist keinesfalls symptomatisch für sein Spiel: Der langjährige Club-Torhüter Roland Wabra war kein „Flieger" und lag selten am Boden. Er glänzte vielmehr durch souveräne Strafraumbeherrschung. Mit tollen Leistungen war er am Gewinn der Meistertitel von 1961 und 1969 maßgeblich beteiligt. Nicht weniger als 523mal stand er für den 1. FCN zwischen den Pfosten. Leider wurde er niemals in die deutsche Nationalelf berufen, obwohl seine Leistungen stets hervorragend waren.

In der Rangliste der berühmten und treuen Club-Spieler zugleich steht an dritter Stelle der Name Ferdinand Wenauer. Nandl vertrat in 706 Begegnungen die Farben seines Vereins und wurde auch viermal in der deutschen Nationalmannschaft eingesetzt. Als Mittelläufer war er ein unerschrockener Abwehrmann, der den gegnerischen Stürmern größten Respekt einflößte. Vorbildlich, wie er hier bei einem Heimspiel den Ball abdeckt.

Eine ungewöhnliche Leistung vollbrachte 1909 der Club-Geher Wilhelm Schmidt (Sechster von rechts): Er wurde in Berlin deutscher Meister im 100-km-Gehen. Eine Distanz, die längst nicht mehr absolviert wird. Imponierend seine Siegerzeit von 11:03:00,8 Stunden.

Die malerische Kulisse am Hauptmarkt mit Tausenden von Zuschauern war geradezu prädestiniert als Ziel bei dem 1913 erstmals ausgetragenen Staffellauf zwischen Fürth und Nürnberg. Den Siegern, die von den Besuchern und Ordnungshütern begeistert gefeiert wurden, winkte der Preis des Prinzregenten.

Bei den Deutschen Leichtathletik-Meisterschaften 1931 in Magdeburg zerriß Maria Dollinger vom 1. FCN im 200-m-Lauf mit dem deutschen Rekord von 25,2 Sekunden als Erste das Zielband. Die Allrounderin wiederholte ihren Erfolg 1933 und holte sich auch dreimal den Titel über 800 sowie einmal über die 100 Meter. Bei den Olympischen Spielen von Los Angeles (1932) und Berlin (1936) belegte sie in der kurzen Sprintstrecke jeweils den 4. Platz.

Den vierten von insgesamt fünf deutschen Meistertiteln im Speerwerfen holte sich Dr. Ingeborg Bausenwein-Wolf-Blank vom 1. FCN 1948 in ihrer Heimatstadt. Im Jahre 1952 nahm sie an den Olympischen Spielen in Helsinki teil.

Als souveräner Sieger im 400-m-Lauf passierte Karl-Friedrich Haas vom 1. FCN bei den Deutschen Leichtathletik-Meisterschaften 1952 im Berliner Olympiastadion die Ziellinie. Auch in den folgenden vier Jahren war er auf seiner Spezialstrecke nicht zu bezwingen. Seine stolze Laufbahn krönte der Nürnberger bei den Olympischen Spielen 1956 in Melbourne mit dem Gewinn der Silbermedaille. 1952 hatte er in Helsinki mit der Staffel bereits Bronze geholt.

Die Club-Leichtathletinnen waren nach dem Zweiten Weltkrieg in Deutschland einsame Spitze: Von 1950 bis 1957 gewannen sie achtmal in Folge die Frauen-Mannschafts-Meisterschaft. Zu den Stützen gehörten die mehrfache Fünfkampf-Siegerin Maria Haas-Sturm sowie die Hürdensprinterinnen Anneliese Keilitz-Seonbuchner (links) und Lotte Wackersreuther, die sich nach dem achten Titelgewinn mit ihrem Trainer Köbe lächelnd den Fotografen stellten.

Der Apfel fällt bekanntlich nicht weit vom Stamm. Brunhilde Ramsauer-Hendrix eiferte ihrer Mutter Maria Hendrix-Dollinger nach und hatte prompt großen Erfolg damit. Sie wurde deutsche Meisterin über 100 Meter (1957), 200 Meter (1960) sowie in der 4 x 100-Meter-Staffel (1957). Ihre Laufbahn krönte sie 1960 bei den Olympischen Spielen in Rom als Mitglied der Staffel, die Silber holte.

Das Straßenfahren war sein Metier: Fritz Scheller gehörte in der Vorkriegszeit zur absoluten Weltklasse. Der für den Tourenclub startende dreifache Einer-Meister (1932, 1936 und 1937) feierte seinen größten Triumph 1937 mit dem 3. Rang bei der Weltmeisterschaft in Kopenhagen. Bei den Olympischen Spielen ein Jahr zuvor in Berlin hatte er mit dem undankbaren 4. Platz vorliebnehmen müssen. Auch als Funktionär im mittelfränkischen Radsport stand Scheller viele Jahre seinen Mann.

Der Sprint war seine Disziplin. Und Georg Voggenreiter, kurz „Vogges" genannt, beherrschte sie in Deutschland wie kaum ein zweiter. Als Amateur und danach auch als Profi, wie seine 13 Meistertitel dokumentieren. 1948 vollbrachte Voggenreiter ein Wunder: Er, der Sprinter, setzte sich auf der Straße gegen die Spezialisten durch und wurde deutscher Meister der Profis.

„Umbers" wurde er überall nur gerufen: Georg Umbenhauer, der schon vor dem Zweiten Weltkrieg seine Brötchen als Profi auf der Straße verdiente. Dem Gewinn der Deutschen Meisterschaft 1936 ließ er drei Jahre später einen höher einzuschätzenden Triumph folgen: Er beendete die Deutschland-Rundfahrt über die lange Distanz von 5600 Kilometern als Sieger.

Beim Radsport ist der Begriff Hochburg in Nürnberg nicht nur zulässig, sondern angebracht. Radsport in der alten Reichsstadt – das ist natürlich die Geschichte des RC Herpersdorf, des nach wie vor erfolgreichsten deutschen Vereins. Der frühere, in aller Welt als „Goldschmied" geschätzte Bundestrainer Gustav Kilian sang ein Loblied auf den RCH: „Diese Nachwuchsschule ist in Deutschland einmalig. Kein Wunder, daß daraus immer wieder große Talente hervorgehen." Und aus vielen wurden später Deutsche -, Europa- und Weltmeister. Dreimal konnte sich Amateur-Steher Horst Gnas, dem hier Bundestrainer Kilian letzte Tips vor dem Start gibt, das berühmte Regenbogen-Trikot als Weltmeister überstreifen: 1971 und 1972 holte er den Titel an der Rolle des holländischen Schrittmachers Bruno Walrave und 1973 mit Landsmann Hans Käb als Partner. Nach der ersten Weltmeisterschaft bereitete der RCH seinem Topfahrer natürlich einen herzlichen Empfang.

Als echter Allrounder war Fritz Neuser – im blütenweißen Trikot auf der Winterbahn und dreckverschmiert nach einem mörderischen Straßenrennen – unbestritten der erfolgreichste RCH-Starter der Nachkriegszeit. Er steht mit 12 deutschen und 18 bayerischen Meistertiteln zu Buche und feierte insgesamt 336 Siege. Eine tolle Bilanz! Aber er war auch vom Pech verfolgt: 1956 bei den Olympischen Spielen in Melbourne stürzte er mit seinem Schweinfurter Tandem-Partner Günther Ziegler im Hoffnungslauf schwer und mußte seine Hoffnungen begraben.

Der erfolgreichste Olympia-Teilnehmer des RC Herpersdorf war unbestritten der mehrfache deutsche Meister im Fliegerfahren und Tandem, Willi Fuggerer. Nachdem er 1961, 1962 und 1963 mit dem Berliner Gerd Modrow drei Titel geholt hatte, schlug seine große Stunde mit dem neuen Partner Klaus Kobusch aus Bocholt: Beide gewannen bei den Spielen 1964 in Tokio die Bronzemedaille. Um seine Chance auf das mögliche Gold wurde das fränkisch-westfälische Duo durch einen unberechtigten italienischen Protest gebracht. Vorsitzender Konrad Schwab (Mitte) und der in ganz Deutschland geschätzte Funktionär und Mäzen Andreas „Reser" Egerer – sein Leben widmete er dem Radsport – ehrten den erfolgreichen Olympioniken Fuggerer. Auf Weltmeisterschaften geradezu abonniert war Schrittmacher Dieter Durst, der einige Steher mit seiner Übersicht und Routine zum Erfolg führte.

Aus dem deutschen Radsport-Kalender nicht mehr wegzudenken ist der „Große Tucher-Preis", den der RC Herpersdorf alljährlich trotz großer Probleme aufgrund des enorm gestiegenen Verkehrsaufkommens in der Spalter Gegend veranstaltet. Stets gingen auch internationale Asse an den Start. In den ersten Jahren der Nachkriegszeit lief das Rennen noch unter dem Namen „Großer Expreß-Straßenpreis" und wurde – wie heute noch – beim Gasthof Egerer gestartet.

Im Jahre 1956 triumphierte der Herpersdorfer Bahn-Vierer bei den Deutschen Meisterschaften in Köln in der Besetzung Werner Löw, Fritz Neuser, Willi Renn und Georg Singer (von links) und freute sich natürlich mächtig.

In der Schwerathletik gehörten die Sportler aus Nürnberg zwischen den beiden Weltkriegen zur internationalen Spitze: Sie gewannen zahlreiche WM- und EM-Titel und beherrschten auch die Deutschen Meisterschaften. Unerreicht die Ringer des 1. SC Maxvorstadt. Nachdem Georg Gerstacker bei den Olympischen Spielen 1912 in Stockholm im Federgewicht eine Silbermedaille gewann, schlug 1928 in Amsterdam die Stunde des Bantamgewichtlers Kurt Leucht: Er gewann die Goldmedaille. Vier Jahre später bei den Spielen von Los Angeles stand Vereinskamerad Jakob Brendel in derselben Gewichtsklasse bei der Siegerehrung auf dem obersten Treppchen. 1936 in Berlin reichte es für ihn und auch Schwergewichtler Kurt Hornfischer zu Bronzemedaillen. Die Erfolgsbilanz von Hornfischer ist stattlich: Er holte sich drei Europameister- und auch noch 12 deutsche Titel. Mächtig gefeiert wurde bei den Maxvorstädtern natürlich die erste Deutsche Mannschaftsmeisterschaft 1926/27.

Die Noris bereitete ihrem ersten Olympiasieger nach der Heimkehr am Hauptbahnhof einen stürmischen Empfang. Ein Zug mit Fackelträgern und einer Blaskapelle zog durch die Innenstadt. Anläßlich seines 60. Geburtstages zeigte Kurt Leucht stolz ein Plakat, das seinen Auftritt bei einem Schaukampf im belgischen Antwerpen ankündigte. Die Geldbriefträger der Post konnten sich keinen besseren Ausbilder vorstellen.

Stolz präsentiert Hans Abraham seine Muskeln und viele Medaillen. Der Gewichtheber sammelte für den 1. ASC Sandow als Gewichtheber Ehrenzeichen wie andere Leute Briefmarken. Den 1910 im Mittelgewicht errungenen Weltmeister-Titel verteidigte er ein Jahr später erfolgreich. Mehrfach war er auch deutscher und Europameister.

Die Reihe der deutschen Gewichtheber-Meister des TSV 46 setzten nach dem Kriege vor allem drei Athleten fort: Erwin Tratz, Fritz Hupfer und Alfred Kornprobst. Sie holten zahlreiche Einzeltitel und waren auch in der Mannschaft siegreich. Der Leichtgewichtler Alfred Kornprobst (Bild) nahm auch an den Olympischen Spielen 1964 in Tokio teil und belegte dort den 8. Rang.

Nach seinem Gewinn des bayerischen Meistertitels präsentiert sich Club-Boxer Karl Kistner zusammen mit seinem Trainer Theo Hasselbacher (rechts) und Verbandssportwart Georg Strauß den Fotografen. Seine größten Erfolge feierte der Schwergewichtler 1952: Er wurde deutscher Meister und belegte bei den Olympischen Spielen in Helsinki den fünften Rang.

Der erfolgreichste Nürnberger Boxer war unbestritten der für den ESV West/Fürth startende Günther Meier. Er wurde im Halbmittelgewicht mehrfach deutscher Meister und überraschte 1968 bei den Olympischen Spielen in Mexiko mit dem Gewinn der Bronzemedaille. Bei einem Kampf im heimischen Ring landet Meier (rechts) bei seinem Gegner einen gefährlichen Aufwärtshaken. Der Olympiadritte hat ein Herz für andere Sportler: Nach Beendigung seiner Laufbahn betreute er einige Jahre den schwerverletzten früheren Club-Torhüter Walter Spangler beim Reha-Training.

Judo, die Kunst der Selbstverteidigung, beherrschte großartig Heino Kumst vom Post SV Nürnberg. 1961 versuchte er sich erstmals in dieser Sportart und feierte als Halbschwergewichtler gar bald Erfolge. Er landete bei deutschen und Europameisterschaften ganz vorne und wurde auch mehrmals in der Nationalmannschaft eingesetzt.

Auch im Fechten spielte Nürnberg auf internationaler und nationaler Ebene eine führende Rolle. Beim zarten wie beim starken Geschlecht. 1970 wurden die Florettfechterinnen des Fechterrings für den Gewinn der bayerischen Meisterschaften geehrt. Von links: Jutta

Janke, Karin Janke-Engelhardt, Hilde Blech, Ingrid Eckert und Ilse Reichenbach. Ein Jahr später verteidigten die Säbelfechter des TV Jahn 63 ihren Bayern-Titel erfolgreich. Von links: Neher, Dr. Bako, Madel und Prechtl.

Im Degen errang Walter Köstner vom Fechterring seine größten Erfolge. Er holte sich 1958 den deutschen Meistertitel und wurde siebenmal mit der Mannschaft Weltmeister. 1960 nahm er an den Olympischen Spielen in Rom teil.

Ein Meister des Floretts war Toni Stoch vom Fechterring. 1960 bei den Olympischen Spielen in Rom feierte er seinen größten Triumph: In seiner Paradedisziplin holte er sich die Bronzemedaille.

Als 15jähriger verdiente er sich ein paar Groschen als Balljunge beim 1. FCN und gab auch einigen Mitgliedern Unterrichtsstunden. Dies wurde dem unvergessenen Hans („Hanne") Nüsslein zum Verhängnis: Weil ihn der DTB von allen Amateur-Wettbewerben ausschloß, wurde er zum Berufsspieler erklärt. Ein Glücksfall für den gebürtigen Nürnberger, denn er gewann mehrfach die Profi-Weltmeisterschaft. Zum ersten Mal 1933 gegen den Amerikaner Bill Tilden. Dafür kassierte er 300 Reichsmark. Für den fanatischen Tennisspieler war der Sport wichtiger als das Geld, wie er betonte: „Geld verdirbt nur den Charakter." Riesenerfolge feierte er später auch als Trainer. So betreute er 1934 das amerikanische und nach dem Krieg auch das deutsche Daviscup-Team. Zu seinen Schülern gehörten u. a. Wilhelm Bungert, Christian Kuhnke und Jürgen Faßbender.

Die Tennisabteilung des 1. FCN nach dem Kriege entscheidend mitgeprägt hat Jan Foldina. Der ehemalige tschechische Daviscup-Spieler gab sportlich viele Impulse. Unvergeßlich sein Auftritt an der Seite von Milan Branovic im Jahre 1957 bei einem Spiel gegen die führende deutsche Mannschaft Rot-Weiß Köln, die sensationell mit 3:6 unterlag: Die beiden international erfahrenen Club-Asse bezwangen das Daviscup-Doppel Buchholz/Hermann mit 10:8 und 6:1. Jan Foldina besaß auch als Trainer einen ausgezeichneten Ruf.

Ein eleganter und zugleich auch erfolgreicher Tennisspieler beim 1. FCN war der frühere jugoslawische Meister Milan Branovic. Mit seiner Klasse und internationalen Erfahrung gewann er 1956 und 1957 den deutschen Meistertitel im Herren-Einzel. Branovic trug natürlich auch wesentlich dazu bei, daß die FCN-Mannschaft in die Spitzenklasse vordrang.

Die Tennis-Abteilung des 1. FCN verfügte über großartige Einzelspieler, aber legte stets größten Wert auf ausgeglichen besetzte Mannschaften. Zwangsläufig stellten sich auch die gewünschten Erfolge ein. Eine rein Nürnberger und auch ungemein spannende Angelegenheit wurde das Finale um die bayerische Meisterschaft 1955. Nach dem schwererkämpften 5:4 über den Lokalrivalen und Abonnementsmeister TC Noris Weißblau sicherten sich die Club-Asse auch den süddeutschen Titel. Das Team von links: Richard Bauer, Peter von Pierer, Peter Kerndl, Milan Branovic, Werner Ruland, Arthur Krelle und Frank Nelson.

Auch die Erfolge der Club-Tennisfrauen können sich sehen lassen. 1971 wurden sie bayerischer Mannschaftsmeister. Das Team von links: Evi Schatz, Uta Koch, Monika Hörner, Dagmar Kreisl, Erika Otto, Birgit Morlock, Monika Schmidt und Abteilungsleiter Dr. Hermann Wortner, der sich mit seinem Engagement große Verdienste um den „Weißen Sport" beim 1. FCN erwarb.

Die Tennislegende Gottfried von Cramm – von 1935 bis 1937 stand er dreimal im Wimbledon-Finale und mußte sich immer geschlagen geben – weilte im Mai 1967 in Nürnberg. Der Grund seines Besuches war die Einweihung der neuen Anlage des TC Noris Weißblau. Beim Rundgang sind im Vordergrund von links zu sehen: Oberbürgermeister Dr. Andreas Urschlechter, Noris-Präsident Franz Helmis, Gottfried von Cramm und der langjährige BLSV-Bezirksvorsitzende Karl Schäfer. Auf der vorbildlichen Anlage fanden einige Länderkämpfe und Meisterschaften statt. Die sportlichen Erfolge von Noris Weißblau waren stattlich. Mit bekannten Spielern wie Helmis, Schieder, Stenz, Richter und Bauer wurde ab 1931 achtmal in Serie die bayerische Mannschaftsmeisterschaft errungen. Zu Buche stehen auch einige Deutsche Meisterschaften, wobei besonders der Einzeltitel im Jahre 1955 für Rupert Huber herausragt. Noris-„Boß“ Franz Helmis machte sich ab 1967 als Präsident des Deutschen Tennis-Bundes um den „Weißen Sport“ in der Bundesrepublik verdient.

Nicht nur im Fußball, sondern auch im Handball spielte der Club in Deutschland lange Zeit die erste „Geige“. Speziell bei den Frauen, die liebevoll als „Handball-Muttis“ apostrophiert wurden: Innerhalb von 14 Jahren errangen sie zehn Deutsche, sechs Vize-, 24 Süddeutsche und 25 Bayerische Meisterschaften. Das Team war nur so gespickt mit Nationalspielerinnen und wurde auch mit dem Silbernen Lorbeerblatt ausgezeichnet. 1968 wurde das letzte Finale auf dem Großfeld klar mit 10 : 4 gegen den OSC Berlin gewonnen. Den sechsten Meistertitel holten (stehend von links): Weber, Bauer, Härtle, Kälberer, Leinfelder, Geis, Seitz; (kniend): Feldlin, Schmidt, Reitwießner, Scharff, Herchenbach, Buchner. Auch auf dem Kleinfeld und in der Halle riß die Erfolgsserie nicht ab. Unvergeßlich auch die Erfolge im Europapokal. Und besonders ein Spiel: Die Topmannschaft Spartak Kiew wurde in der Club-Halle mit 10 : 5 bezwungen.

Zwei der erfolgreichsten Club-Handballerinnen, Lydia Bauer (links) und Gerda Reitwießner – sie spielte auch 61mal in der deutschen Nationalmannschaft – beendeten 1975 ihre stolze Laufbahn. Mannschaftskameradin Heidi Kälberer überreichte ihnen Blumensträuße.

Wie im Handball so dominierte auch im Nürnberger Basketball das „zarte Geschlecht": 1975 stieg die junge Mannschaft des Post SV in die Bundesliga auf. Das erfolgreiche Team (sitzend von links): Nationalspielerin Brigitte Feldlin, Träg, Renate Feldlin, Wörle; (kniend): Karschin, Brzozowksi, Schwarm, Hackenberg; (stehend): Gerull, Stöckl, Compensis und Trainer Geishöfer.

Hockey wird in der Noris von einigen Vereinen mit beachtlichem Erfolg gespielt. Nachdem die FCN-Frauen 1954 mit einem 2:1-Sieg im Finale von Berlin über den SC Brandenburg den deutschen Meistertitel auf dem Feld geholt hatten, gelang dieses Kunststück den Männern der HGN 1968 in der Halle. Das siegreiche Team bei einem Empfang in der Heimat (von links): Dürrach, Klein, Schlumberger, Hofmann, Schuler, Specht, Fuchs, Then, Boller, Betreuer Winter und Vorsitzender Seufferth. Einige Nürnberger Hockey-Asse wurden in die Nationalmannschaft berufen und kamen auch zu olympischen Ehren: NHTC-Torwart Wolfgang End und HGN-Stürmer Norbert Schuler nahmen an den Spielen 1960 in Rom teil. Schuler gehörte auch 1964 zum Aufgebot für Tokio.

Wie im Fußball, so war Nürnberg auch im Faustball eine Hochburg. Seine Vereine holten viele Titel und waren auch immer in der Nationalmannschaft repräsentiert. Den stolzesten Erfolg nach sieben deutschen Meisterschaften feierte die Mannschaft des SV Siemens 1971 mit dem Gewinn des Europapokals. Beim Finale in Hirschfelde in der damaligen DDR standen die Zuschauer wie eine Eins hinter den Franken und feierten deren hohen 38:28-Sieg über den TSV Pfungstadt begeistert. Die begehrte Trophäe zeigen von links: Rudolf Markel, Gerhard Schuler, Werner Roth, Herbert Heffner, Werner Ibler und Werner Schleusinger. Ein Jahr später gehörte Markel der deutschen Weltmeister-Mannschaft an.

Eishockey gehört in Nürnberg seit eh und je zu den beliebtesten Sportarten und sorgt stets für große Kulissen im Stadion an der Bayreuther Straße. Dennoch mußte die SGN aus finanziellen Gründen 1980 in der zweiten Bundesliga die Segel streichen. Mit dem Vereinsnamen EHC 80 wurde aber in der untersten Spielklasse sofort ein Neuanfang gestartet. Die SGN-Truppe in der Saison 1973/74 war gut besetzt. Stehend von links: Zeugwart Alfred Wagner, Vic Sloan, Horst Streibel, die beiden Ex-Nationalspieler Bernd Herzig und Werner Bingold, Thomas Müller, Walter Moser, Bernd Fuchsentaler, Karl Bischl, Trainer Frank Trottier; kniend: Franz Wilhelm, Jürgen Witt, Patrick McCue, Harley Love, Peter Sattler, Franz Bechtold, Paul Heindl.

Vor dem Saisonbeginn 1975/76 konnte sich der neue Trainer Werner „Sonne“ Bingold (Mitte) mächtig über zwei „Übersee-Importe“ freuen: Über den Kanadier Dana Johnson (links) und den US-Boy Billy Flynn.

Eine Szene aus einem begeisternden Auftritt der SGN beim Heimspiel gegen den EHC Freiburg (1977). Kevin Johnson (Nr. 5) dreht nach seinem Treffer zum 1:0 jubelnd ab. Die Nürnberger behielten als Außenseiter mit 5:3 die Oberhand und wurden von den 2200 Zuschauern gefeiert.

Im Rollschnellauf gehörten die Aktiven des 1. FCN schon vor dem Zweiten Weltkrieg zur Spitzenklasse. Alfons Heiß (links) und Hilde Rippel-Lang holten sich zwischen 1938 und 1940 je neun deutsche Meistertitel. Dieselbe Anzahl zweiter Plätze belegte Richard Rippel. Nach dem Krieg setzten diese Erfolgsserie Inge Ammon, Ursula Fraß, Jutta Junginger-Polig, Manfred Zenker und später auch noch Barbara Fischer nahtlos fort.

Ein Künstler auf Rollen und Kufen zugleich war Dr. Freimut Stein vom 1. FCN. Und erfolgreich wie kein anderer: Seinem ersten deutschen Meistertitel im Rollkunstlauf im Jahre 1942 schlossen sich nach dem Krieg fünf weitere an. Außerdem gelang ihm dieser Triumph auch dreimal im Eiskunstlauf. Das Jahr 1952 bescherte ihm die Höhepunkte seiner stolzen Laufbahn: Er nahm an den Olympischen Winterspielen in Oslo teil und wurde einige Monate später Rollkunstlauf-Weltmeister. Der Club hatte vor der Stein-Ära im Rollkunstlauf schon vorzügliche Könner: Dr. Fritz Händel wurde 1937 und 1938 jeweils Europameister und holte sich außerdem auch fünf deutsche Titel. Jeweils auf dem zweiten Platz bei der EM landeten die Paare Jenny Mosler/Willi Pfister (1937) und Liselotte Roth/Bruno Walter (1938).

In der großen Zeit des Paarlaufens beim Eiskunstlauf standen Kilius/Bäumler im Vordergrund, aber Sonja Pfersdorf/Günter Matzdorf (1. FCN) keineswegs tief im Schatten. Die Nürnberger belegten zweimal hinter den Favoriten bei Deutschen Meisterschaften den zweiten Platz und holten sich nach deren Ausscheiden 1965 und 1966 den Titel. Auch bei Welt- und Europameisterschaften waren sie immer in Spitzenpositionen zu finden. Zum Ende seiner Laufbahn holte sich das Paar bei der Profi-WM 1966 in London den Titel.

Als krasser Außenseiter trat der Nürnberger Heinz Mertel zum Wettbewerb im Schießen der Freien Pistole bei den Olympischen Spielen 1986 in Mexiko City an und sorgte für eine Sensation: Er gewann die Silbermedaille. Mertel war punktgleich mit dem Russen Gregori Kositsch, der Gold nur aufgrund der mehr geschossenen „Zehner" holte.

Mit Reiten, Schwimmen und leichtathletischem Konditionstraining bereitete sich die Nürnbergerin Ruth Jordan auf ihre Wettkämpfe vor. Ihr größter Erfolg als Skeetschützin war der Gewinn des Weltmeistertitels mit der Mannschaft 1978 in Seoul. Aber auch in Einzelwettbewerben schnitt sie hervorragend ab: 1972 wurde sie Europameisterin und außerdem noch zwischen 1969 und 1979 nicht weniger als achtmal deutsche Meisterin. In Olympiasieger Konrad Wirnhier besaß Ruth Jordan als Trainer den idealen Lehrmeister.

Nürnberg war in Deutschland die „Wiege" des sportlichen Schießens mit Pfeil und Bogen, das innerhalb von kürzester Zeit einen enormen Aufschwung erlebte. Der dreiköpfigen deutschen Damen-Mannschaft für die Weltmeisterschaft 1963 im Bogenschießen gehörten auch die beiden Nürnbergerinnen Gerda Aichemüller und Hermine Bierbaum (vierte und fünfte von links) an.

Die Aktiven des Vereins Nürnberger Sportkegler spielten über Jahrzehnte auf der nationalen wie internationalen Bühne eine Hauptrolle und verfügen deshalb über eine stattliche Titelsammlung. Der größte Triumph: 1970 gewannen Hans Nutz und Werner Günzel mit der deutschen Nationalmannschaft die Weltmeisterschaft. Die Kegler von „Gut Holz", die 1974 erneut den deutschen Titel holten. Von links: Werner Günzel, Hartmut Fiedler, Erwin Siebert, Heiner Winkler, Hans Nutz und Wolfgang Endres.

Zum deutschen Abonnementsmeister im Kegeln avancierte Wolfgang Endres im Einzel-Wettbewerb. Nach einem seiner sechs Triumphe wird er von seinem Mannschaftskameraden Hans Nutz auf Schultern von der Bahn getragen.

Im Tischtennis spielte Nürnberg auf deutscher Ebene nicht die erste Geige. Aber das Abschneiden der Spieler des TV Jahn 63 war dennoch beachtlich. 1955 hatte das Team – verstärkt durch den deutschen Spitzenspieler Kurt Roesmer – seine stärkste Zeit: Es wurde Bayerischer Meister. In der Saison 1957/58 reichte es zwar nur zum zweiten Platz hinter dem TSV Milbertshofen, doch in der deutschen Endrunde wurde der hervorragende vierte Platz belegt. 1963/64 hieß der Bayernmeister wieder Jahn 63. Die erfolgreiche Mannschaft von links: Herbert Neubauer, Roland Süßmann, Helmut Ziegler, Klaus Hummel, Willi Betz, Abteilungsleiter Fritz Braun, Werner Albig, 2. Vorsitzender Hans Pölloth und der Technische Leiter Hermann Haagen. Herbert Neubauer gehörte auch zum erweiterten Kader der deutschen Nationalmannschaft.

Der Motorsport in Nürnberg ist eng mit einem Namen verknüpft: Gernot Leistner, den ein Magazin zurecht als „Herr des Rings" titulierte. Seit mehr als drei Jahrzehnten ist er der Organisator und Rennleiter der „200 Meilen" auf dem Norisring. Dank seiner großartigen Beziehungen konnten immer wieder Topstars wie die späteren Formel-1-Weltmeister Niki Lauda und Keke Rosberg – um nur einige zu nennen – verpflichtet werden. „Ohne unsere tollen ehrenamtlichen Helfer wäre diese Veranstaltung niemals durchführbar", sagt Leistner, dessen wichtigstes Utensil die schwarz-weiß karierte Startflagge ist.

Gernot Leistner war von 1951 bis 1960 selbst aktiver Motorsportler, einer der erfolgreichsten Motorrad-Geländefahrer der Welt. Bei den bedeutendsten Langstrecken in allen Teilen Europas gewann er mehr als 150 Goldmedaillen. Schon bei seinem ersten internationalen Start, der Internationalen Sechs-Tage-Fahrt 1954 in Wales holte Leistner auf seiner 175-ccm-Ardie Gold (links). Ein Jahr später feierte der Spitzenfahrer (rechts) mit seinen Teamgefährten den Gewinn der 50. Goldmedaille. Von links: Karl Augustin (Rückersdorf), Heinrich Gollwitzer – er war später

mehrfacher deutscher Meister im Schießen und Olympiateilnehmer in München – aus Nürnberg, Gernot Leistner und Lorenz Specht aus Ludwigsmoos. Der größte Erfolg für den Werksfahrer von Ardie, NSU, Zündapp, Hercules und DKW war unbestritten 1957 der Gewinn der „Six days" in der ČSSR mit der deutschen Mannschaft, die Weltmeisterschaft. Die Farben Nürnbergs im Motorrad-Geländesport vertraten nach der Beendigung von Leistners Laufbahn ausgezeichnet Fahrer wie Günter Sengfelder und Norbert Gabler.

Ein Idol der heimischen Motorsportler war in der Nachkriegszeit der mehrfache deutsche Meister bei den Gespannen, Hermann Böhm. Der NSU-Werksfahrer und sein Beiwagenfahrer „Quex" Fuchs begeisterten mit ihrer forschen Fahrweise die Zuschauer auf dem Norisring und auch auf anderen Rennstrecken.

Vielseitigkeit war die Trumpfkarte des Tanzpaares Siegfried und Anita Pfeiffer: Es gehörte bei den Standard- wie auch bei den lateinamerikanischen Wettbewerben zur internationalen Klasse bei den Amateuren und später auch bei den Profis. In 18 Jahren seiner aktiven Tätigkeit nahm das Paar aus der Noris an rund 500 Turnieren in allen Kontinenten teil und stand bei Siegerehrungen 80mal auf dem obersten Treppchen.

Der TV Jahn 63, einer der ältesten Sportvereine der Stadt, verzeichnete vor allem im Fechten und Tischtennis große Erfolge. Aber auch seine Turner schnitten bei Meisterschaften vorzüglich ab. Im Jahr 1926 stellten sie sich nach einem Mannschaftskampf gegen den TSV 1861 Hof gemeinsam mit ihren Gegnern dem Fotografen. Man beachte die züchtige Kleidung bei den Turnerinnen und Turnern, die damals oberstes Gebot war.

Nürnberg hat das deutsche Frauenturnen geprägt! Dieser Satz aus einer alten Festschrift ist absolut berechtigt. Turnerinnen aus der Noris feierten national wie international Riesenerfolge. Unvergeßlich Friedl Iby vom MTV, die bei den Olympischen Spielen 1936 in Berlin mit der Mannschaft Gold holte. Die Olympiasiegerin war das Vorbild für Irma Walther-Dumbsky, deren Erfolge unübertrefflich sind!

1940 gewann Irma Walther-Dumbsky in Chemnitz ihren ersten deutschen Meistertitel im Achtkampf. Es folgten vor und nach dem Krieg noch zwölf weitere DM-Titel. Eine kraftvolle und elegante Turnerin auch auf dem Schwebebalken und an den Ringen, die längst aus dem Programm gestrichen worden sind.

Bei der Nürnberger Sportlerehrung 1952 landete Irma Walther-Dumbsky hinter dem Sieger Max Morlock (rechts) auf dem zweiten Platz vor dem Rennfahrer Fritz Rieß.

Das Turnen ließ die 13fache deutsche Meisterin Irma Walther-Dumbsky nicht los: Sie stellte sich dem Deutschen Turnerbund als Frauen-Bundestrainerin, Mannschaftsführerin und später auch als internationale Kampfrichterin zur Verfügung. Doch ihr Herz schlug immer für den heimischen Sport. In der Schule und vor allem beim TSV 46 hatte sie als Trainerin große Erfolge und führte ihre lernwilligen Schützlinge zu vielen Bayerischen und Deutschen Meisterschaften. 1959 gelang der große Wurf bei den nationalen Titelkämpfen der

Jugend mit Marlis Grouwen, Ingebärbel Goller, Helga Felsner und Wiltraud Schlegel, der Tochter der langjährigen verdienstvollen Bundes-Kinderturnwartin Hella Schlegel. Zwei Jahre später wurde der Erfolg mit neuen Talenten wiederholt. Die strahlenden Siegerinnen: Uschi Zapf, Barbara Martin, Trainerin Irma Walther-Dumbsky, Gerda Preu und Bärbel Lauck. Der deutschen Nationalmannschaft gehörten später auch Ute Egelkraut, Sonja Klein und Ruth Bauer an.

Höhepunkte in der Laufbahn von Irma Walther-Dumbsky waren die Teilnahme an den Olympischen Spielen 1952 in Helsinki sowie ein Schauturnen in Japan vor rund 20 000 Zuschauern. Ihre Verdienste wurden mit dem Silbernen Lorbeerblatt gewürdigt, das ihr NOK-Präsident Willi Daume überreichte. 1953, nach ihrem 13. Titelgewinn, beendete sie im Alter von 34 Jahren (!) als dreifache Mutter ihre stolze Karriere.

Das Frauenturnen wurde von Irma Walther-Dumbsky, aber auch von ihrem Ehemann Gustl Walther geprägt. 1952 bereiteten beide die deutsche Nationalmannschaft für die Olympischen Spiele in Helsinki vor. Später fungierte er jahrelang als ehrenamtlicher Bundestrainer, bayerischer Verbandstrainer und auch als international anerkannter Kampfrichter. Beim Üben mit den Spitzenturnerinnen auf dem Vereinsgelände vom TSV 46 durfte der Spaß nicht fehlen. Von links: Magda Richter, Irma Walther-Dumbsky, Elisabeth Schmidt-Ostermeier, Else Wild-Walther, Ellen Linde und der Trainer.

Nach dem Gewinn einer Bayerischen Meisterschaft präsentierte sich Gustl Walther stolz mit den Siegerinnen Rosa Schneider, Irma Gleismann, Irma Bogner-Pramschüfer (zweifache deutsche Meisterin), Irma Walther-Dumbsky, Elisabeth Schmidt-Ostermeier (Olympia- und WM-Teilnehmerin) und Helene Frischmann.

Es dauerte einige Zeit, bis das Rhönradturnen sich bei den Aktiven wie auch den Zuschauern durchsetzte. Als noch keine deutschen Titelkämpfe ausgetragen wurden, war der Nürnberger Edi Sers als bayerischer Meister von 1953 und 1956 absolut Spitze. Nach Beendigung seiner Laufbahn betrieb er als Landesfachwart im BTV Werbung für seine Sportart in allen Teilen Bayerns und auch in anderen Bundesländern. Beruflich war Sers viele Jahre als städtischer Sportamtsleiter in Nürnberg tätig.

Die Möglichkeiten, sich im Wasser sinnvoll zu bewegen – so ist in einer Festschrift nachzulesen – waren nach der Jahrhundertwende in der Noris ausgesprochen bescheiden. Da faßten sich ein paar Männer ein Herz und gründeten den 1. Nürnberger Schwimmverein, den späteren Schwimmerbund 07.

Vier Jahre nach seiner Gründung besaß der neue Schwimmverein am Pulversee sein eigenes Bad, das 1913 Schauplatz des 1. Gauschwimmfestes war. Damals stand bei den sportlichen Wettbewerben der Spaß im Vordergrund und es ging nicht um Hundertstelsekunden.

Ein historisches Bild aus der heimischen Schwimmsport-Szene: Das Nationale Schwimmfest am 16. Juli 1911 wurde auf dem alten Kanal bei Schleuse 77 ausgetragen. Die Zuschauer verfolgten das Geschehen gespannt und feuerten die „Kanal-Schwimmer“ lebhaft an.

Ehrenbrief

DER STADTRAT ZU NÜRNBERG
BEGLÜCKWÜNSCHT

den

Schwimmverein „Bayern 07"

zur Deutschen Wasserballmeisterschaft 1953

mit der Mannschaft:

Hermann Baumgärtner
Walter Böhm
Dr. Franz Ernst
Bernhard Matthes
Paul Ortner
Heinz Primus
Erich Zastrow

AM 11. DEZEMBER 1953

OBERBÜRGERMEISTER

Wasserball wurde beim SB Bayern 07 immer großgeschrieben. Ein Spieler gehörte der deutschen Mannschaft an, die 1928 bei den Olympischen Spielen in Amsterdam die Goldmedaille holte: Torwart Seppl Blank. Ein weiterer Bayern 07-Aktiver brachte von den Spielen 1936 in Berlin eine Silbermedaille nach Hause: Dr. Gustav Schürger (Bild). 1953 war der Jubel am Pulversee riesig – die Wasserballer wurden durch einen 4:3-Sieg über Duisburg deutscher Meister. Die tolle Truppe von links (vorne): Bernhard Matthes, Heinz Primus, Paul Ortner, Robert Schmidtner, Walter Böhm; (hinten): Erich Zastrow, Hermann Baumgärtner, Manfred Schörner, Armin Porst, Dr. Franz Ernst und Rolf März. Eva Mötsch, einstige Kunstspringerin und später erfolgreiche Trainerin – in 57 Jahren Tätigkeit brachte sie mehr als 8000 Kindern ihrer Heimatstadt das Schwimmen bei – hatte gute Vorarbeit für Meistertrainer Robert Schmidtner geleistet und ihren Talenten Wasserball schmackhaft gemacht.

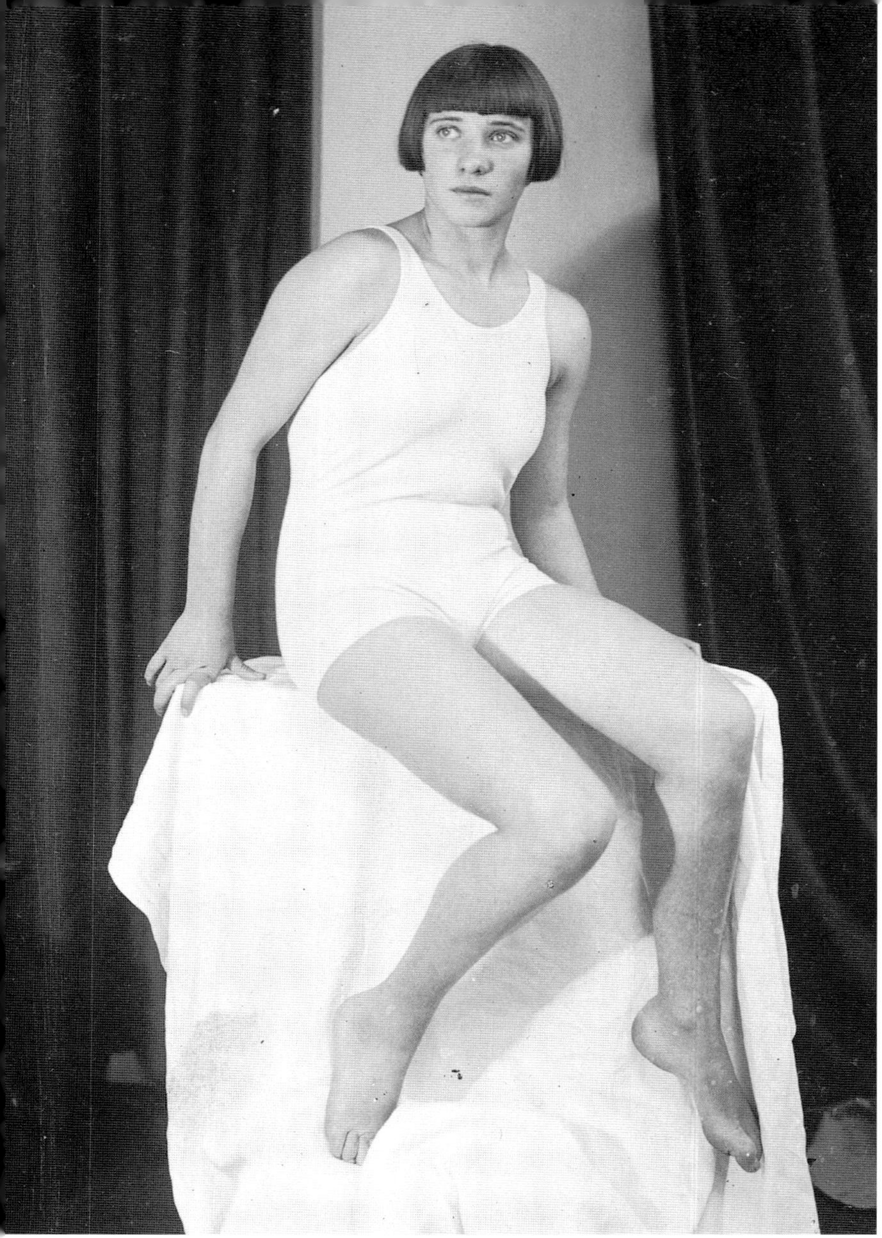

Auf das Turmspringen mußte Olga Jordan (Bayern 07) verzichten, weil sie nicht schwindelfrei war. Aber im Kunstspringen war die Schülerin von Karl Behringer einsame Spitze. Mehrfach wurde sie deutsche Meisterin und setzte allem 1932 die Krone auf: Nachdem sie in Paris Europameisterin geworden war, belegte sie bei den Olympischen Spielen in Los Angeles hinter drei überragenden Amerikanerinnen einen sensationellen vierten Platz. Die hübsche Olga auf dem Brett vor einem Sprung (rechts) und in der Pose eines Foto-Modells.

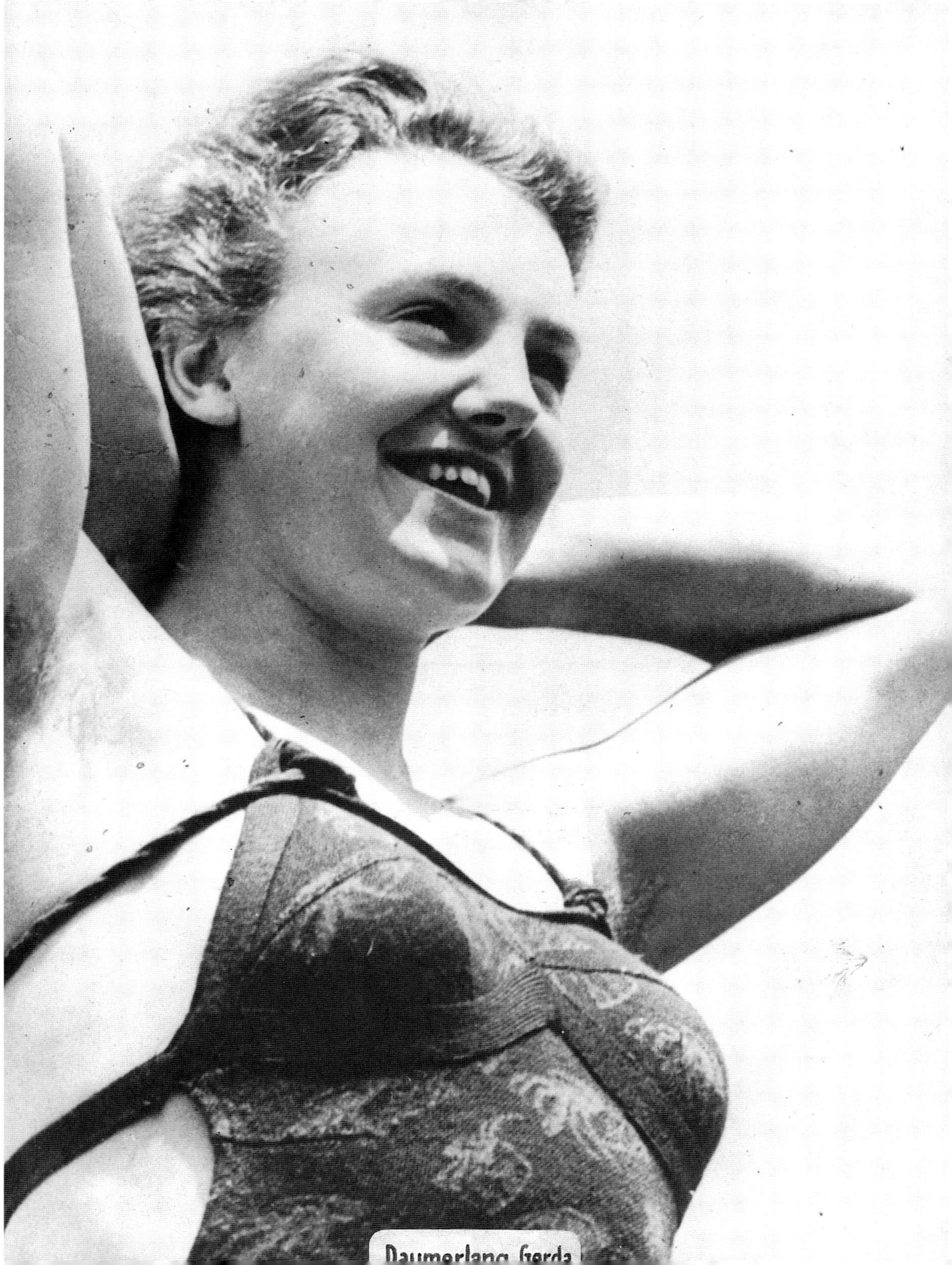

Nach Olga Jordan setzte Gerda Daumerlang die Erfolgsserie der Kunstspringerinnen von Bayern 07 nahtlos fort: Fünfmal stand sie bei Deutschen Meisterschaften in Serie bei der Siegerehrung auf dem obersten Treppchen und belegte bei den Olympischen Spielen 1936 – wie ihre Vorgängerin vier Jahre zuvor – den zwar beachtlichen, aber ebenso undankbaren vierten Platz.

Auch nach dem Zweiten Weltkrieg hielt die Phalanx der überragenden Springerinnen von Bayern 07 an. Dafür sorgte Lilo Schloßnagel, die sich durch Vielseitigkeit auszeichnete. Sie gewann im Turm- und Kunstspringen nicht weniger als sieben Deutsche Meisterschaften und holte sich bei Länderkämpfen viele Preise.

Hermann Lemp war Schwimmer beim SB Bayern 07 und entdeckte sein Herz auch für eine andere Sportart: Er wandte sich dem Modernen Fünfkampf zu und vertrat die deutschen Farben bei den Olympischen Spielen 1936 in Berlin. Gold oder aber zumindest Silber lag für ihn im Bereich des Möglichen, doch eine Disziplin warf ihn entscheidend zurück: Bei der Auslosung für die Disziplin Reiten erwischte er eines der schwächsten Pferde und belegte nur den 41. Platz. Dadurch fiel er in der Gesamtwertung auf Rang sechs zurück.

Ein Novum für Nürnberg: Der Segler Jörg Spengler vom Yachtclub „Noris" gewann mit Jörg Schmall im Wettbewerb der Tornados die Bronzemedaille bei den Olympischen Spielen 1976 in Montreal. Nach der Heimkehr wurden er und Ehefrau Ingrid (rechts) von Oberbürgermeister Dr. Andreas Urschlechter und dessen Gattin Lilo im Rathaus empfangen. Natürlich mußte sich Spengler ins Goldene Buch der Stadt eintragen.

Beim Paddeln mit einem Freund auf der Donau entdeckte Heinz Panek seine Liebe zum Wassersport und beendete seine Laufbahn als Radballer. Der Umstieg trug Früchte: Panek wechselte als Wildwasserfahrer zur Sektion Nürnberg des DAV und feierte vier Jahre später seinen größten Erfolg. Obwohl er eigentlich nur als Ersatzmann für die Nationalmannschaft nominiert worden war, kam er bei den Weltmeisterschaften 1965 auf der Lieser bei Spittal in Kärnten zum Zuge. Gemeinsam mit dem Münchner Zentgraf und dem Augsburger Engelt gewann er den WM-Titel in der Mannschafts-Wertung.

Auch der Pferdesport spielte in Nürnberg keinesfalls die „Zweite Geige“: Namhafte Sportler gaben sich bei internationalen Turnieren in der 1924 von Albert Tresper gegründeten Reit- und Springschule Tattersall-Noris ein Stelldichein. Freiherr von Langen ging 1928 bei den Olympischen Spielen in Amsterdam sogar mit Trespers Pferden „Bayernstolz“ und „Corregio“ an den Start. Tresper meisterte mit Geschick auch große Schwierigkeiten: So mußte er 1937 seinen Tattersall vom Luitpoldhain nach Erlenstegen verlegen und nach Kriegsende erneut von vorne anfangen. Mit eiserner Energie und tatkräftiger Mithilfe von Tochter Ria schaffte er es und konnte bei einem der Turniere Olympiasieger H. G. Winkler zum Sieg gratulieren.

Unten: Fritz Thiedemann anläßlich eines Nürnberger Turniers am „Eppeleinssprung“.

Ria Tresper, hier an der Seite von Weltmeister Fritz Thiedemann, zeichnete sich in verschiedenen Disziplinen aus: Sie gewann bei vielen Turnieren im Springen, der Dressur und bei der Vielseitigkeit. Prompt wurde sie auch zu einem Olympia-Vorbereitungskurs nach Warendorf eingeladen. Ria Tresper hinterließ einen vorzüglichen Eindruck, doch die Teilnahme an den Spielen scheiterte am Modus: Amazonen durften damals nicht in den schweren Springen starten.

Namhafte Reiter lockten bei den Spring- und Dressurprüfungen im Tattersall-Noris immer wieder die Zuschauer in großen Scharen an.

Von der Deutschherrnwiese nach Zerzabelshof. Hier fand der 1. FCN im Jahre 1913 endlich auf eigenem Grund und Boden eine Heimat. Der Zabo – ein Markenzeichen für Spitzenfußball in ganz Deutschland. Er wurde sukzessiv ausgebaut und war Schauplatz von großen Sportfesten und internationalen Fußballbegegnungen.

Das erste Länderspiel in der Fußballhochburg Nürnberg fand am 13. Januar 1924 statt: Auf der Club-Anlage Zabo wurde Österreich mit 4 : 3 besiegt. Als dreifacher Torschütze zeichnete sich dabei der Fürther „Resi" Franz aus.

Der Sportbetrieb beim Club platzte aus allen Nähten, der Zabo erwies sich nach dem Zweiten Weltkrieg als zu klein. Ein weiteres Problem gesellte sich hinzu: Aufgrund des permanent zunehmenden Autoverkehrs konnte der Verein die polizeilichen Auflagen nicht mehr erfüllen. Der Abschied von dieser traditionsreichen Sportstätte stellte die Vorstandschaft vor große Probleme und führte zu jahrelangen Diskussionen und Verhandlungen. Doch die Vernunft siegte letztendlich über nostalgisches Denken.

Das letzte Bild der Haupttribüne im „alten Zabo", bevor die Bagger anrückten und Platz für die geplanten Wohnhäuser schufen. Nicht wenige Club-Mitglieder waren zutiefst betrübt, als für ihre liebgewonnene Heimat die letzte Stunde schlug.

Grundsteinlegung für den „neuen Zabo" am Valznerweiher am 24. September 1966, der dreimal so groß wie das alte Sportgelände ist. Präsident Walter Luther verband die obligatorischen drei Hammerschläge mit dem Wunsch für eine erfolgreiche Zukunft des 1. FCN. Bereits 1959 waren vier neue Sportplätze ihrer Bestimmung übergeben worden.

Der „neue Zabo“ aus der Vogelperspektive. Ein ideales Sportgelände, das in Deutschland weit und breit seinesgleichen sucht. Die Fußballer des Vereins kommen ebenso auf ihre Kosten wie die Tennisspieler, Schwimmer, Handballer und Leichtathleten. Im Laufe der Jahre hat sich das Aussehen der Riesenanlage – sie belastet den 1. FCN finanziell natürlich enorm – verändert: Auf ihr entstand ein stattlicher Hotelbau und es wurde auch noch eine Anlage für Rollhockey und -schnellauf errichtet.

Diese Postkarte mit dem Modell des neuen Nürnberger Stadions auf dem Zeppelinfeld wurde 1928 vor der Lorenzkirche für 15 Pfennig verkauft und fand reißenden Absatz. Der städtische Gartendirektor Alfred Hensel erhielt dafür im Wettbewerb der freien Künste bei den IX. Olympischen Spielen 1928 in Amsterdam eine Goldmedaille.

Das alte Stadion, das mit seiner achteckigen Form einmalig war, bei einem gutbesuchten Bundesliga-Heimspiel des 1. FCN. Nach Umbauten faßte es zuletzt rund 61 000 Zuschauer und wurde auch vom Deutschen Fußballbund für einige Länderspiele berücksichtigt. Leider konnten sich die Stadtväter 1972 nicht zum Ausbau der Arena durchringen, so daß Nürnberg bei der Fußball-Weltmeisterschaft 1974 im Abseits stand.

Bis auf den letzten Platz gefüllt war das Stadion am Dutzendteich beim Länderspiel gegen Ungarn am 9. September 1970. Die Bombenstimmung hatte einen triftigen Grund: Fußballidol Uwe Seeler (links) wurde mit dem Bundesverdienstkreuz ausgezeichnet und verabschiedete sich mit seinem 72. Länderspiel aus der deutschen Nationalmannschaft.

Ein Prachtbau, der viele Lobeshymnen erntete: Das 1991 eingeweihte Nürnberger Frankenstadion, bei dem die Grundstruktur seines Vorgängers erhalten blieb. Es bestand seine Feuertaufe bei Bundesliga-Begegnungen des 1. FCN und Länderspielen sowie bei Leichtathletik-Sportfesten mit Weltstars. „Am liebsten würde ich alle Spiele unserer Nationalmannschaft in dieser einmaligen Arena mit den begeisterungsfähigen Zuschauern austragen", schwärmte Egidius Braun, der Präsident des Deutschen Fußball-Bundes (DFB).

Das Frankenstadion mit seiner Innenansicht verdeutlicht die gelungene Konzeption des heimischen Architekten Wörrlein: Von allen Seiten herrscht eine ausgezeichnete Sicht auf das Spielfeld.

Das neue Frankenstadion erlebte seine Länderspieltaufe am 10. Oktober 1991 beim EM-Qualifikationsspiel gegen Wales. Es avancierte dank der Riesenbegeisterung der Zuschauer zu einem wahren Fußballfest. Torjäger Rudi Völler sparte nach dem hohen 4 : 1-Sieg über die Briten nicht mit Lob für die Fans: „Sie haben uns mächtig beflügelt, so daß die Tore zwangsläufig fallen mußten."

Ein Hauch von Olympia wehte 1972 durch die Stadt: Am Hauptmarkt wurde stürmisch einer der Läufer gefeiert, die das Olympische Feuer von München nach Kiel – hier fanden die Wettbewerbe im Segeln statt – trugen. Nürnberg war aber auch in sportlicher Hinsicht an den Spielen beteiligt: Im Stadion am Dutzendteich fanden nicht weniger als sechs Begegnungen des Fußballturniers statt.

Unbestritten die bedeutendste Sportveranstaltung in Nürnberg ist seit Jahrzehnten das Norisring-Rennen, das mit seinen enormen Besucherzahlen viele andere Veranstaltungen in Deutschland glatt aussticht. Dem Motorsport-Club gelingt es immer wieder, namhafte Rennfahrer zu verpflichten. Rund 100 000 Zuschauer umlagerten den Stadtkurs am Zeppelinfeld beim ersten Rennen 1947. Auch in den nächsten Jahren beherrschten die Motorrad-Asse das Geschehen. Eine besondere Anziehungskraft übten dabei die Gespanne mit den artistischen Einlagen der Beifahrer aus.

Die Vorläufer der heute bei Großveranstaltungen unerläßlichen Werbung: Schon 1948, beim zweiten Norisring-Rennen, stellten Hersteller von Pkw's und Motorrädern ihre Erzeugnisse zur Schau. Nur fehlte den meisten der Zuschauer leider das nötige Kleingeld zum Kauf der begehrlichen Objekte.

Ein faszinierendes Bild: Der Start der Motorräder beim Rennen auf dem Norisring. Sie waren damals noch nicht verkleidet und hatten durchaus eine Ähnlichkeit mit jenen Maschinen, die Otto Normalverbraucher im täglichen Straßenverkehr benutzte.

Wie sich die Zeiten ändern: Beim Norisring-Rennen 1964 (unten) standen auf dem früheren Reichsparteitags-Gelände noch die hochaufragenden Säulen. Vier Jahre später waren sie verschwunden und die „heißen Öfen" auf dem schwierigen Parcours um einiges schnittiger.

Die „200 Meilen“ von 1971 konnte Rennleiter Gernot Leistner lange nicht vergessen. Bei der Einführungsrunde ist rechts mit der Startnummer 26 der Ferrari 512 des berühmten Mexikaners Pedro Rodriguez zu sehen. Etwa 12 Minuten später verunglückte der Klassepilot fast an derselben Stelle – er fuhr gegen ein Brückengeländer – tödlich. Übrig blieb von dem „heißen Ofen“ nur ein Schrotthaufen. Dank

der großartigen Streckensicherung durch den veranstaltenden Motorsportclub Nürnberg sind derartige schwere Unfälle auf dem Norisring in den vielen Jahren äußerst selten gewesen.

Sport, Show und Musik bestimmen das Programm der Nürnberger Sportpresseshow, die 1975 in der Halle A des Messegeländes ihre Premiere feierte und seitdem aus dem Sportkalender nicht mehr wegzudenken ist. Superstars wie die Turner Li Ning, Eberhard Gienger, die Fußballer Sepp Maier und Franz Beckenbauer, der Radprofi Dietrich Thurau und Tennisclown „Bijou“ oder die weltberühmten Harlem Globetrotters gaben sich hier ein Stelldichein. Vom Publikum begeistert gefeiert wurde auch die abwechslungsreiche Darbietung der deutschen Nationalmannschaft im Rhönradturnen.

Zwei Sportstars auf einem Rad: Bei der zweiten Nürnberger Sportpresse-Show 1977 fuhr der damals zur Weltklasse zählende Dietrich Thurau mit der dreifachen Ski-Olympiasiegerin von Innsbruck 1976, Rosi Mittermeier, auf seiner Rennmaschine in die Messehalle ein.

Sie war zuerst da: Die Radrennbahn am Reichelsdorfer Keller, die nach 1900 weit vor den Toren der Stadt in einem Waldgebiet errichtet wurde. Heute ist sie von Wohnhäusern umringt. Schon 1904 strömten Tausende von Besuchern zu den Rennen. Weil die alte Holztribüne – sie wurde erst in den 70er Jahren abgerissen – und die Ränge fast immer ausverkauft waren, strömten die Radsport-Fans auch in den Innenraum.

Vor allem die Steherrennen mit internationaler Elite zogen die Besucher in ihren Bann. Die Radfahrer, die an den Rollen der „Donnerbüchsen“ unwahrscheinliche Geschwindigkeiten erzielten, kurz vor dem Start und während des Rennens auf dem Zement-Oval.

Stellbrink und Linnart kämpfen 1912 um das „Goldene Rad von Nürnberg".

Die alte Bahn am Reichelsdorfer Keller hat ihren guten Ruf im Radsport bis zum heutigen Tage erhalten. Sie erlebte viele Deutsche Meisterschaften und internationale Wettbewerbe, bei denen sich die Weltklasse ein Stelldichein gab. Dem Lockruf des Stehersportes folgen in der Hochburg noch immer viele begeisterte Zuschauer. Am „Keller“ hat der Bund Deutscher Radfahrer schon mehrfach seine Asse auf Weltmeisterschaften und Olympische Spiele vorbereitet.

Es war einmal ... als auf der Radrennbahn beim ASN Pfeil die Asse ihre Runden drehten und die Zuschauer begeisterten. Das traurige, aber unabwendbare Schicksal einer Sportstätte, wenn das Interesse der Aktiven wie Zuschauer nachläßt und zudem mit der Bahn am Reichelsdorfer Keller eine übermächtige Konkurrenz vorhanden ist.

Es wurde allerhöchste Zeit, daß das Nürnberger Eisstadion an der Bayreuther Straße – viele Jahre als Linde-Stadion bekannt – im Jahre 1977 ein Dach erhielt. Darüber freuten sich die Hobbyläufer ebenso wie die Nachfolger der Deutschen Meister Pfersdorf/Matzdorf und Angelika Wagner sowie die Zuschauer bei der SGN und deren Nachfolger EHC 80. Das Fassungsvermögen der alten Arena wurde zwar erhöht, doch der verständliche Wunsch nach einem Neubau ist geblieben.

Skispringen in Nürnberg? Kein Witz! In den 30er Jahren errichtete die Wintersportabteilung von Bayern 07 auf der Vereinsanlage am Pulversee eine kleine Schanze, die Sprünge bis zu etwa 20 Metern zuließ. Den erfolgreichsten heimischen Wintersportler besaß aber der 1. FCN: Walter Baier stieß in der Nordischen Kombination sogar in die deutsche Spitzenklasse vor.

Register der Personen und Sportart

Bildquellennachweis

Für die freundlicherweise zur Verfügung gestellten Fotos bedanken wir uns herzlich bei:

Kurt Schmidtpeter
Bernd Hafenrichter
Eva Mötsch
Irma Walther-Dumbsky
Gernot Leistner
Ria Schmieder-Tresper
RC Herpersdorf
1. FC Nürnberg
Manfred Marr
Stadtarchiv
NZ-Archiv